Ludmilla & Roland

Erwachen & Erleuchtung

Das Radikale Okay

Edition Erleuchtung
Heft 8

Die in diesem Buch beschriebenen Methoden und Anregungen ersetzen keine ärztliche und medizinische Beratung.
Autor und Verlag übernehmen keinerlei Haftung für Schäden irgendeiner Art, die direkt oder indirekt aus der Anwendung der Angaben in diesem Buch entstehen.

www.Erleuchtung.jetzt

Herstellung: Create Space,
Selfpublishing: Der Kleine Buddha
Umschlaggestaltung, Satz und Layout: Pomerova-Art

Nimmst du deine Realität in
jedem Moment vollständig an,
öffnet sich die Tür zum Absoluten
und deine Realität ändert sich.

Erwachen und das Radikale Okay

Deine Realität ist immer genau das, was du jetzt gerade erfährst.
Erwachen und Erleuchtung ist unser Thema, und Erwachen und Erleuchtung ist auch eine Realität.
Und deine Realität ist immer genau das, was du in diesem Moment erfährst. Es macht nicht viel Sinn, sich eine andere Realität vorzustellen, weil allein die Vorstellung von einer anderen Realität noch keinerlei Verbindung zu dieser anderen Realität hat, denn das, was du gerade erfährst, ist deine Realität.

Vorstellungen sind Konstruktionen deines Minds, deines Geistes, und diese Vorstellungen haben keinerlei Verbindung zu der Realität, die du dir vielleicht wünschst, weil du vielleicht gerade mit der Realität, die du erfährst, nicht zufrieden bist. Und weil da keine Verbindung ist zwischen der einen und der anderen Realität, ist die Frage, wie ändere ich denn jetzt meine Realität?

Wie komme ich von der Realität, die ich jetzt gerade erfahre, hin zu der Realität, die ich haben möchte - Erwachen und Erleuchtung?

Wo ist die Verbindung zwischen diesen beiden Realitäten? Also meiner Realität, die ich jetzt ganz konkret erfahre und der gewünschten Realität des Erwachens und der Erleuchtung.
Die einzige Verbindung, die es gibt zwischen diesen beiden verschiedenen Realitäten, ist die Annahme, ganz bewusst, die vollkommene Annahme des jetzigen Moments, also dessen, was du jetzt ganz konkret erfährst. Und es spielt überhaupt keine Rolle, ob du das gut oder schlecht findest, was du jetzt erfährst, ob du Freude oder Leid erfährst oder was auch immer, ob du diesen Moment genießt oder ob er dich nervt.
Ändern kannst du die Realität, die du

erfährst, nur durch hundertprozentige Annahme.
Wenn dir das gelingt, und das muss man ganz bewusst üben, das ist eine Achtsamkeitsübung, wenn dir das gelingt, kannst du deine momentane Realität verändern, weil du in einen Okay-Raum hineinswitschen wirst. Und dieser Okay-Raum bildet eine Brücke zu der Realität, die wir Erwachen und Erleuchtung nennen. Einen anderen Weg gibt es nicht. Es ist völlig unmöglich zu erwachen, während man den jetzigen Moment ablehnt oder verdrängt.

Das vollständige Annehmen des Momentes hat damit zu tun, dass du loslässt, dass du deine Vorstellungen loslässt, wie es z.B. besser sein könnte, oder wo du eigentlich hin möchtest. Das heißt, dass du diese verstandesmäßigen Konstrukte loslässt, jetzt, immer jetzt in diesem Moment und dass du dir dessen, was jetzt tatsächlich ist, gewahr bist und wie das eigentlich gefühlsmäßig für dich ist. Versuche einmal die verstandesmäßigen Bewertungen und Tätigkeiten zur Ruhe kommen zu lassen, weil sie es letztendlich sind, die dich ablenken von dem wirklich vollständigen, gefühlsmäßigen Annehmen des jetzigen Momentes mit all seinen Komponenten, die er für dich bereithält.

Das ist eine Achtsamkeitsübung auch in Bezug auf die Gedanken, auf den Verstand, auf den, der da denkt und redet, und es ist gut wachsam zu sein und zu schauen, inwiefern du an dem haftest, was der Verstand denkt. Und wenn du dann feststellst, dass du anhaftest, dass du mit deiner Aufmerksamkeit da hinterher galoppierst sozusagen, kannst du ganz einfach anhalten. In dem Moment dieser Bewusstwerdung stoppst du ganz automatisch, da brauchst du gar nichts tun. Das einfache, bewusste Hinschauen auf den jetzigen Moment stoppt das Gedankenkarussell, und du wirst sofort das Wunderbare, das Heilige dieses Momentes wahrnehmen. Stille und das einfache Sosein. Es ist beglückend.

Und es ist auch gut, sich ein Okay für jedes Weggaloppieren zu geben, sich nicht unter Druck zu setzen mit dieser Übung, sondern das Ganze locker, spielerisch und einfach zu betreiben, sich nicht unter Stress setzen. Denk nicht: „Jetzt habe ich es wieder vergessen". Gib dir auch darauf einfach ein völliges Okay. Denn diese Anhaftung geschieht unbewusst. Und wenn du dich erst etliche Zeit später „ertappst", dass du wieder weggaloppiert bist mit den Gedanken, ist das auch okay.
Mit zunehmender Übung wird es besser gelingen, es wird dir schneller auffallen, in welchen konkreten Situationen und Gefühlslagen du anhaftest und dem Konstrukt des Verstandes wieder folgst. Und wenn du

in dem Moment anhältst, dann darf das Gefühl, was eigentlich da ist, sich voll und ganz zeigen. Das heißt, der Verstand, der ja schnell einspringt und etwas bewerten und benennen will, verhindert, dass du das eigentliche Gefühl, was da ist, voll und ganz wahrnehmen und annehmen kannst, so wie es ist. In dem Moment, in dem du anhältst, kannst du schauen, was denn da jetzt eigentlich gerade wirklich ist. Übe das!

Der Vorteil dieser Achtsamkeitsübung liegt darin, dass in dem Moment, in dem diese Gewohnheit aufgebaut ist, alles anzunehmen wie es ist, die Dinge verschwinden. Weil alles das, was jetzt im Moment da ist, ist auch nur eine konstruierte Realität, eine vom Geist konstruierte Realität. Und wenn die ein Okay bekommt, jederzeit, dann werden wir bemerken, wie sie verschwindet. Das heißt, das jetzige Erleben anzunehmen, heißt nicht vom Kopf her zu sagen: „Ach, da steht jetzt ein Monitor vor mir und das ist okay", oder: „Jetzt habe ich Aua-Rücken und das ist okay", weil Aua-Rücken ist natürlich nicht okay, kein Mensch mag Rückenschmerzen haben.

Den Moment anzunehmen und ihm ein Okay zu geben, geht nicht von der Ebene des Kopfes aus. Der Kopf ist zwar auch daran beteiligt, weil er das ja wahrnimmt und interpretiert, was er sieht, sondern es geht vom Herzen her. Es ist ein Einverstandensein nicht so sehr mit dem Inhalt, der da wahrgenommen wird, sondern mit der Tatsache, dass da etwas wahrgenommen wird.

Rückenschmerz ist nicht sehr schön, da musst du nicht einverstanden sein, aber dass der Rückenschmerz da ist und dass du ihn wahrnimmst, damit musst du okay sein. Es geht hier um die Wahrnehmung.

In dem Moment, in dem die Wahrnehmungen der Dinge ein Okay

bekommen, lösen sie sich auf. Und der Raum, aus dem die Dinge entstehen, ist das Absolute, dieser Raum, aus dem sie entstehen, taucht jetzt selbst auf. Dieser Raum ist derselbe Raum, aus dem Du selbst auch entstehst. Dein wahres Selbst ist auch aufgetaucht aus diesem Absoluten. Wenn du also jeden Moment, so wie er ist, willkommen heißt mit einem Okay, ihn also mit einem wirklichen Okay belegst, verbindet sich das Absolute des Gegenstandes mit dem Absoluten in dir. Eine Brücke wird gebaut, sie entsteht einfach. Jegliche Ablehnung einer Situation, wenn der Geist dazwischenfunkt und sagt: „Nein, das will ich jetzt nicht, das nervt mich jetzt, das muss jetzt aufhören, das muss jetzt verschwinden", ist dann ein Fehlversuch, denn das Verschwinden von Realitäten funktioniert so nicht.

Das, was du selbst erlebst im Moment, ist deine Realität, da gibt es keine

andere in dem Moment. Die einzige Realität, die in dem Moment auch noch da ist, ist das Absolute, weil das Absolute immer und ständig da ist. Das Absolute durchdringt ständig alles und taucht auf, um sichtbar zu werden für dich, wenn du die Erscheinungen des Absoluten so annimmst, wie sie sind. Wenn du die Tatsache akzeptierst, dass sie da sind.
Kein Ding existiert aus sich selbst heraus, niemals. Sondern alles existiert aus dem Absoluten heraus als Erscheinungsform des Absoluten. Das Absolute ist immer da. Es durchdringt jede Erscheinungsform, deshalb musst du zwangsläufig jede Situation, die du erlebst, alles, was du jetzt im Moment erlebst, vollständig akzeptieren. Und das öffnet die Tür zum Absoluten, und das verändert deine Realität. Du spürst dann sofort das Absolute in dir, dass, was wirklich unveränderlich ist. Was ewig ist, was immer in dir ist, dein Raum vergrößert sich sofort.

Das manifestierte Sein erfährt eine Realität, die Begrenzungen hat, also eine Realität, die den Veränderungen unterworfen ist. Das unbegrenzte Sein ist in seiner Qualität still und unveränderlich. Das ist das, was immer da ist, was die Basis allen Seins ist. Und das zu erfahren und zu erfahren, dass *du das bist*, erzeugt sozusagen einen anderen Seinszustand, eine neue Realität, die die relative Realität gleichzeitig zu einer absoluten, unveränderlichen Realität erlebbar macht. Es ist wie eine Gleichzeitigkeit. Die Veränderlichkeit und das Unveränderliche werden gleichzeitig erfahren und in dem, was sich verändert, wird dann zunehmend das Unveränderliche wahrgenommen, das, was die Basis für das Veränderliche ist. Diese beiden Realitäten werden irgendwann als Eins wahrgenommen. Von Dvaita zu Advaita. Die Essenz aller Dinge wird wahrgenommen als das Einzige, was überhaupt existiert. Diese Essenz ist unveränderlich und in ihrem Aus-

druck als Schöpfung gleichzeitig der ständigen Veränderung unterworfen. Der Aspekt der Veränderlichkeit im Relativen ist also ewig und gleichzeitig ist das, was sich ausdrückt, absolut unveränderlich in seiner Essenz und zugleich als reines Potential noch nicht existent.
Und Erwachen ist dieses Eintauchen in diese absolute, unveränderliche Realität, in das, was unseren natürlichen Zustand ausmacht. Unsere wahre Natur.

Die Frage ist, was taucht da in das Absolute eine? Was kann da eintauchen, was da nicht schon immer drin gewesen ist. Das Absolute ist ewig, ist also schon immer da. Das, was du selber bist, deine wahre Natur, war immer schon da. Wer oder was taucht da eigentlich ein? Von der Erfahrung her, taucht das Ich da ein, das kleine Ich wird zum großen Ich, von der Erfahrung her taucht der Geist da ein, der kleine Geist wird zum großen

Geist. Es kann ja nur etwas da eintauchen, was da im Grunde genommen nicht drin ist. Das Absolute ist voll mit dem Absoluten und durchdringt gleichzeitig all seine Erscheinungsformen, die aus dem Selbst heraus ständig entstehen. Das Ich, der Geist, der Verstand, die ganzen Gedanken, auch die verschwinden im Absoluten. Das Ego, das verschwindet auch im Absoluten. Aber nur, wenn wirklich ein Okay auf die jeweilige Erfahrung, die im Moment gemacht wird, gegeben wird. Wenn kein Okay gegeben wird, findet man sich in Identifikationen und Anhaftungen. Und diese Identifikationen und Anhaftungen, dieses Nicht-Okay, ist das perfekte Mittel, um das Absolute abzuwehren. Um das Ego im Ego-Raum zu halten, den Geist im Geistesraum, den Verstand im Verstandesraum, den Mind im Mind. Die Erscheinungswelt dreht sich in sich selbst und verliert den Kontakt zu dem Raum, wo sie herkommt, d.h. dieses Okay-Geben auf das, was du jetzt im Moment wahrnimmst, hält diesen sich ewig drehenden und bewegenden Erscheinungsraum quasi an. Stille. Das geht wirklich nur durch ein hundertprozentiges Okay auf das, was du jetzt gerade wahrnimmst. Denn das ist deine Realität. Und die musst du akzeptieren und annehmen, jetzt, in jedem Moment. Nur dann kann es zur Ruhe kommen. Jeglicher Widerstand befeuert dieses Spiel und gibt ihm neue Energie. Jede Selbstkritik hält das Rad am Laufen und erzeugt Unruhe, jede Ablehnung erzeugt Unruhe im System.

Und Gedanken, die auftauchen, Benennungen usw., solange du diesen glaubst, ist die Annahme und Hingabe nicht vollständig da. Es ist ganz schön zu beobachten, wenn du in die vollständige Annahme hineingehst, hört das Denken auf, dann gibt es auch keine Benennungen mehr von dem, was da ist. Es verschwindet alles, es ist nur noch das einfache Sosein.

Und das bekommt wieder ein Okay. Das mag dir vielleicht am Anfang aufregend erscheinen, oder es macht dir vielleicht auch ein bisschen Angst. Das Auftauchen des Nichts, der Unendlichkeit, oder dieses Gefühl, dass sich alles auflöst und alles weg ist. Die Gedanken sind weg, das Ich ist weg, das Ego ist weg. Alles, was vorher da war, ist weg, und auch das bekommt ein Okay, weil du mittlerweile die Gewohnheit hast, dass das okay ist. Du gehst dann nicht mehr in Ablehnung, sondern zum Absoluten. Das Absolute darf da sein, auch wenn es dir vielleicht ein bisschen Angst macht. Das ist okay. Es kann auch sein, dass es vielleicht am Anfang schwer auszuhalten ist. Dann ist auch das okay. Das, was ist, bekommt ein Okay. Das ist eine ganz wichtige Aufmerksamkeitsübung, die man jederzeit üben kann. Nicht nur in der Stille, da ganz besonders, sondern auch in der Aktivität: Wenn das, was du gerade erlebst, ein notwendiges Übel auf dem Weg ist, das getan werden muss, weil man irgendwo hinkommen will. Der tägliche Weg zur Arbeit, der tägliche Stress auf der Arbeit, die ganzen Notwendigkeiten, weil man das Geld haben will, um die Miete zu bezahlen, all diese Dinge. Wichtig ist, dass jeder Moment ein Okay bekommt. Das heißt, die Ausrichtung darauf, dass man es schafft, in jedem Moment ein Okay zu geben, bedeutet auch, dass man teilweise sein Verhalten ändern muss. Das leckere Bio-Brötchen, das man vom Bäcker bekommt und isst, braucht keine große Anstrengung, gar kein großes Bemühen, und auch gar keine große Aufmerksamkeit, weil es so offensichtlich lecker ist. Das Ziel erfüllt sich fast von allein. Für den Spaziergang durch den Regen, wo man den Regenschirm vergessen hat, braucht es Aufmerksamkeit, weil man da durch muss, da merkt man wie es eng wird und immer, wenn es eng wird, braucht das Engwerden auch ein Okay. Wir laufen oft neunzig Prozent des Tages vor unserer Realität weg und berauben uns dadurch der Möglichkeit, dass auch in dieser Zeit das Aufwachen geschehen kann und das Absolute sich zeigen darf.

Jede Sekunde des Lebens muss ein Okay sein, ein gefühltes, gelebtes, anerkanntes Okay, und manche Situationen, die einfach doof sind, brauchen mehr Aufmerksamkeit von uns. Das ist wie bei Kindern, wenn die lieb sind, brauchen sie kaum Aufmerksamkeit, aber wenn sie störrisch und bockelig sind, dann brauchen sie ganz sicher Aufmerksamkeit. Und dasselbe gilt für unsere Wahrnehmung. Die Dinge, die wir gut finden, die gehen uns leicht von der Hand, und da braucht es nicht so viel Aufmerksamkeit. Die Dinge, die uns nicht leicht von der Hand gehen, die uns schwerfallen, da müssen wir uns Zeit nehmen, die brauchen ein Okay, die brauchen Anerkennung, die brauchen unsere ganze Liebe und unsere ganze Hingabe. Da, wo es eng wird, verschwindet das Absolute schnell wieder aus unserer Wahrnehmung.

Die Erleuchtung verfolgt dich, aber du bist schneller.

Im Grunde genommen ist es so, dass das der Trick ist, wie wir vor der Erleuchtung davonlaufen, durch Vermeidung der Realität, durch Vermeidung der Hingabe an sie.
Das Annehmen heißt nicht, dass wir alles toll finden müssen. Wenn wir Regen doof finden, finden wir Regen doof, dann sind wir uns dessen bewusst, dass wir das doof finden und geben uns auch dem Gefühl hin. Was wir aber häufig machen ist, dass wir neunzig Prozent des Tages völlig jenseits jeglicher Annahme und Hingabe sind. Wir sind auf ein Ziel hin orientiert, und, wie durch einen unbewussten dunklen Tunnel hindurch, erreichen wir das Ziel. Wir sind

gar nicht da. Wir verleugnen unsere Realität.
Wir schalten innerlich ab bei den Notwendigkeiten, die gemacht werden müssen, so als könnte man sich innerlich abschalten. Wir geben dem einfach keine Aufmerksamkeit und gehen dann ohne Bewusstheit hindurch. Häufig versetzen wir uns auch noch in irgendeine Stimmung, um da besser durchzukommen und verformen damit die Realität noch mehr. Wir ignorieren sie nicht nur, wir verformen sie auch noch durch eine Stimmungsmache. Man setzt sich ins Auto und macht erstmal laut Musik an, weil im Grunde genommen der Weg zur Arbeit nichts Tolles ist, man lenkt sich ab, statt erstmal wahrzunehmen, wie es einem eigentlich geht, wenn man jetzt ins Auto steigt und zur Arbeit fährt. Oder, wie ist das für einen, wenn man dann schon wieder im Stau steht, stop and go im Berufsverkehr Morgens und Abends? Wie ist das für einen, wie fühlt man sich dabei?

Nicht das Radio gleich anschalten und sich in eine Stimmung versetzen und mit dieser guten Stimmung dann bei der Arbeit auftauchen, sondern zu jedem Moment, immer, ständig, vollständig da sein. Die eigene Realität akzeptieren, dass, was man jetzt gerade erfährt und fühlt, darf so da sein, egal, ob man es mag oder nicht.

Das führt dazu, dass du Situationen ins Leben ziehst, die genau richtig für dich sind. Das können Turbulenzen sein, das kann Chaos sein oder auch freudvolle Dinge, aber es sind immer Situationen, die dich in der Entwicklung letztendlich fördern. Wenn du tatsächlich in dieser Annahme bist, meistens und vollständig, dann bewirkt das eine Beschleunigung deiner Entwicklung, weil sich alles schneller zeigt, womit du vielleicht noch in Frieden kommen musst, mit Dingen, die geradezu zu einer Annahme in dir drängen.

Das Leben ist ja nicht getrennt von dir, du *bist* das Leben. Das heißt, wenn du dich öffnest und ein völliges Okay gibst, für all das, was sich dir zeigt, dann baut das Leben, das du selber bist, letztendlich diese Situationen auf, die du für deine Entwicklung jetzt am besten gebrauchen kannst. Wenn du dich da allerdings verschließt und eher nicht in die Annahme gehst, dann verengt sich die Situation.
Das Leben wird aber dennoch, wenn bestimmte Dinge dran sind für dich, dich dahindrängen sie anzuschauen und sie aufzulösen in dem Sinne, dass du sie annehmen kannst, sie einmal ganz vollständig in dich aufnimmst und damit transformierst.
Dieses Okay-Geben beschleunigt den Prozess, das Leben zeigt dir dann all die Dinge, mit denen du noch nicht einverstanden bist. Es fordert dich heraus, es ruft dich. Es ist wie ein Weckruf. Es ruft dich, immer wieder anzuhalten und zu dem zurückzukommen, was jetzt gerade ist. Auch wenn

es ein unangenehmes Gefühl ist, ist es ganz anzunehmen, und nicht zu verdrängen, indem man sich ablenkt mit Gedanken-Konstrukten.

Wie wir alle wissen, gibt es nur das Jetzt. Die Vergangenheit ist eine Erinnerung im Jetzt, und die Zukunft ist eine Wunschvorstellung, wie es einmal anders sein könnte, auch im Jetzt. Wo bist du also drin, wenn du an die Zukunft denkst und von ihr träumst? Du bist in einer Vorstellung, und diese Vorstellung bekommt ein Okay, und du siehst, dass du in einer Vorstellung bist. Wichtig ist gar nicht, was jetzt unbedingt der Inhalt dieser Vorstellung ist, der wandelt sich ja sowieso ständig. Viel wichtiger ist, die Tatsache zu sehen, dass du in einer Vorstellung steckst. Und am Anfang ist das ein bisschen schwierig, weil diese Vorstellungen einen ja doch so fesseln und faszinieren und man da so gerne drinsteckt. Manchmal steckt man da auch minutenlang drin und träumt und plant und denkt nach. In der Zeit ist man im Grunde genommen gar nicht richtig da. Man ist in seinem Traum gefangen, fern von sich selbst, jenseits von sich selbst, man hat sozusagen das Tor zu sich selbst zugeschlagen. In dem Moment, in dem du dir aber bewusst machst, dass da nur ein Gedanken-Karussell am Werkeln ist, bist du wieder präsent. Und so kann man nicht nur das ständige Wegsein üben, man kann auch durch diese Aufmerksamkeitsübung einfach ständig da sein.

Erwachen und Erleuchtung als Realität ist, ganz einfach gesprochen, ständiges Dasein. Und das geht überraschenderweise sehr einfach. Da gibt es gar nichts zu tun. Diese ursprüngliche Übung, da zu sein, ist der Grundzustand, ist im Grunde genommen der Normalzustand. Es wird einem am Anfang vielleicht schwer fallen das zu tun, weil man sich ja vorher angewöhnt hatte, immer weg zu sein.

Und dann bildet man die Gewohnheit heraus, ständig da zu sein. Aber je mehr man das tut, umso mehr sieht man, dass sich alles auflöst. Das Absolute zeigt sich, die Verbindung zu allem zeigt sich, die Einheit zeigt sich, der Raum öffnet sich. Du bist dieser Raum, ewig, die Worte fallen weg. Trotzdem, obwohl irgendwie alles verschwindet, taucht nicht das Gefühl eines Verlustes auf. Die Dinge geschehen von allein, Fülle wird empfunden, aber kein Verlust. Alles ist, so wie es ist, jetzt, gut.

Das Annehmen und OK-Geben ist mehr als nur ein Fühlen. Das Okay-Geben ist ein Akt der Entscheidung, es ist ein In-die-Handlung-kommen, ins Tun kommen, das ist eine Intention, das ist ein Schöpfungsakt, ein Neuanfang. Hingabe klingt so passiv. Ich gebe mich dem hin. Was wir hier meinen, mit Brücke bauen, mit Realitätsveränderung, ist tatsächlich, ins Tun zu kommen. Es ist ein ganz bewusstes Erschaffen, sich Dinge ins Bewusstsein holen und sich dann wirklich zu sagen, dass das okay ist. Das ist ein ganz klares Tun.

Am Anfang ist dieses Tun noch ein Teil der Übung, später verändert sich das dahingehend, dass es kein Tun mehr ist, sondern ein Seinszustand. Der Verstand ist dann völlig zur Ruhe gekommen, wenn er nicht organisatorisch etwas zu tun hat. Und es ist einfach nur noch das Wahrnehmen da, von dem, was ist. Selbst das Wahrnehmen scheint sehr in den Hintergrund zu geraten und zu verschwinden, weil selbst das geschieht nicht mehr, es ist kein feststellendes Bewusstsein mehr tätig. Die Benennungen finden nicht mehr statt. Es ist einfach reines Sein. Und in diesem reinen Sein, ohne Beurteilungen und ohne Feststellungen, entsteht dann die wirkliche vollständige Annahme. Man braucht dann gar nicht mehr diese Schritte zu tun, dass man etwas wahrnimmt, es benennt und dem dann ein Okay gibt, sondern dann ist alles, was erscheint, ein und dasselbe. Das Auftauchen einer Situation ist gleichzeitig das, was angenommen ist, einfach dadurch, dass es *ist*. Es gibt gar nicht mehr die Möglichkeit einer Alternative. Es ist immer nur das Eine da, dieses EINE, nicht hinterfragt in vollständiger Annahme und Hingabe.

Fragen & Antworten

Frage: Wenn ich etwas durchfühle, kommt dann automatisch die Leere?

Antwort: Ja und nein. Wenn das Gefühl ein Okay bekommt, ist die Leere da, auch wenn du es nicht durchfühlst. Du kannst es auch durchfühlen, dann kann es sogar sein, dass das Gefühl ganz verschwindet. Du hast vielleicht irgendein Gefühl, was du nicht magst, dann durchfühlst du das, und dann verschwindet es. So wie alles verschwindet. Wenn du irgendeinen hartnäckigen Gedanken im Kopf hast, du denkst ihn vollkommen zu Ende, dann verschwindet er. Und so ist das natürlich auch mit Gefühlen. Was du zu Ende bringst, verschwindet, aber wenn du dem Sosein des Gefühls ein Okay gibst, also der Tatsache, dass das Gefühl da ist, ganz und gar ein Okay gibst, dann taucht sofort das Absolute auf. Denn das ist der Zustand des Erwachtseins. Der Zustand des Erwachtseins ist der Zustand, dass alles, was ist, so vollständig, unmittelbar und direkt, ureinfach da ist. Auf den Punkt immer Jetzt. Und da muss nichts durchdacht werden, um etwas zu erreichen, da muss nichts durchfühlt werden, um was zu erreichen, sondern allein die Tatsache, dass es da ist, reicht. Das ist Okay. Du kannst es auch durchfühlen, dann verschwindet das Gefühl am Ende. Du kannst alle Dinge zu Ende bringen z.B. dein ganzes Geld ausgeben, was du im Portemonnaie hast, dann ist es leer. Du kannst immer alles ganz zu Ende bringen. Das ist möglich, aber die Leere, von der wir sprechen, das Absolute, was im erwachten Zustand immer ständig sofort jetzt da ist, ist auch bei dir immer schon jetzt ständig da. Du musst der Situation, die du wahrnimmst, nur ein Okay geben.

Die Gewohnheit ist oft so, dass wir uns ablenken und gar nicht dazu kommen, den Moment zu würdigen. Oftmals gefällt uns die Situation auch nicht, wir haben ganz oft eine abwehrende, ablehnende Haltung. Wir lehnen damit ständig unsere Realität ab, denn das, was wir erfahren, ist unsere jeweilige Realität, das ist individuell ganz verschieden. Im erwachten Zustand ist es dir nicht möglich, eine Erfahrung, die jetzt jeweils im Moment da ist, abzulehnen. Es gibt tatsächlich keinen Trick, und das haben viele schon versucht und wir auch, es gibt keinen Trick etwas abzulehnen und damit seine Existenz zu verhindern, seine Realität abzustreiten. Es geht nicht. Im erwachten Zustand geht das nicht. Das gelingt dir nicht. Das heißt, im nicht erwachten Zustand gelingt es dir nur deshalb, weil du eine wirklich fatale Angewohnheit hast, dich abzulenken von dem, was im Moment ist, und das funktioniert nur, indem man sich selbst das Okay entzieht. Da schüttet man sozusagen das Kind mit dem Bade aus. Wer will schon das Kind mit dem Bade ausschütten. Man will ja nur das Badewasser ausschütten. Man muss schon das Kind festhalten, bevor man die Badewanne ausschüttet. Und das ist das Okay-Geben.

Du kannst eine Situation doof finden, natürlich finden wir den Regen doof, wenn wir nur schnell Brötchen holen, aber dich selbst, also deine Realität musst du dabei festhalten, indem du dem ein Okay gibst. Und das geht parallel, du kannst etwas doof finden und der Sache trotzdem ein Okay geben. Die Realität muss da sein dürfen. Das ist deine freie Entscheidung, Du musst in jedem Moment da sein, sonst schüttest du das Kind gewohnheitsmäßig mit dem Bade aus. Das ist eine nicht erwachte Angewohnheit.

Frage: Das mit den Gedanken und den Kommentaren geht so blitzschnell, und dann ist es schon gedacht, und leider kann ich es nicht stoppen.

Antwort: Genau, es geht blitzschnell und dann ist es gedacht, aber auch da gibt es natürlich Unterschiede, denn vielleicht ging es blitzschnell und du hast es gedacht, aber es ist ein Unterschied, ob du dem, was du da denkst wirklich Wahrhaftigkeit verleihst, ob du das glaubst, was du denkst, oder ob du es als das erkennen kannst, was es in dem Moment gewesen ist, ein gewohnheitsmäßig, blitzschnell aufkommender Gedanke, der in dein

Gewahrsein kommt, der aber so schnell wie er gekommen ist, vergehen kann, wenn du ihn nicht glaubst. Das ist eine Phase im Prozess, dass gewohnheitsmäßig, gemäß unseres Werteschemas, Gedanken und Beurteilungen auftauchen. Aber wenn du an dem Punkt bist, dass du ihnen nicht glaubst, sondern sie einfach wahrnimmst als Gedanken, die kommen, dann ist das schon ein großer Schritt in die Befreiung. Du haftest nicht mehr an, an diese Gedanken, verleihst ihnen kein Gewicht mehr, beförderst sie nicht mehr, sodass sie einfach auftauchen und wieder vergehen können. Und dann stören sie im Grunde genommen ja auch nicht, sie tauchen eben auf und vergehen, aber sie beeinflussen nicht dein Handeln. Sie beeinflussen nicht deinen Seinszustand, der Zustand, indem alles sein darf. Und irgendwann wirst du feststellen, werden auch diese Gedanken nicht mehr auftauchen. Das läuft sich irgendwann aus, wenn

du den Gedanken keinen Glauben schenkst. Wenn du ihnen Glauben schenkst, dann lassen sie dich meist nicht in Ruhe, und da kannst du untersuchen, welcher Art Gedanken du Glauben schenkst und welchen nicht. Du kannst schauen, welche Thematiken es sind, denen du Glauben schenkst. Und da braucht das Gefühl, was damit zusammenhängt, ganz viel Raum und ganz viel Okay, damit es sich auflösen kann, damit es ganz durch deine Akzeptanz auch transformiert werden kann.
Und es ist schön wahrzunehmen, wie blitzschnell solche Gedanken, scheinbar aus dem Nichts heraus, auftauchen. Du wirst irgendwann den Anfang, den Samen eines Gedanken erkennen können, denn durch dein permanentes Gewahrsein wird der Moment so sehr in der Zeit ausgedehnt, dass du irgendwann beobachten kannst, wie dieser Gedanke aufsteigen möchte und du dir dessen sofort gewahr wirst und ihn schon

dann fallen lassen kannst. Schritt für Schritt kommen immer weniger Gedanken auf. Und irgendwann entscheidest du selbst, was und wann du denkst. Das ist ein ganz spannender Prozess.

Und auch die Dinge, die blitzschnell kommen und da sind, und all die ganzen Kommentare bekommen ein Okay. Auch die kommen aus dem Nichts, ganz plötzlich sind sie da und bekommen ein Okay. Und dann kommen Gefühle, und man denkt vielleicht: „Naja, das war ein jetzt ein blöder Kommentar, den ich gedacht habe, da fühle ich mich nicht so gut mit. Ja, ist okay."
Es ist okay, dass das Gefühl da ist, und dass man sich nicht so gut fühlt damit. Durch dieses Okay ist die Situation immer sofort erledigt. Selbstliebe, bedingungslose Selbstliebe, bedingungslose Hingabe an dich selbst, an das, was da ist, ein schneller Gedanke, ein schneller Kommentar,

ein böser Kommentar, ein negativer Kommentar, ja, er ist da, und schon ist er weg. Dass, was jetzt gerade ist, das ist deine Realität, und du entkommst ihr nur, wenn du ihr ein vollkommenes Okay gibst, es gibt keine andere Chance.

Die Reflexion des Absoluten kann im Grunde genommen nur dann aufrechterhalten werden, wenn unser Nervensystem in Ruhe ist. Solange aber noch Prägungen und Muster unser Nervensystem in einem dauerhaften Unruhezustand halten, ist es uns nicht möglich, das Absolute ständig in unserer Präsenz zu halten. Und diese Unruhe im Nervensystem und die Prägungen, die sozusagen dieses Nervensystem in dieser bestimmten Form halten, verursachen bestimmte Gedanken, weil sie mit einem bestimmten Thema zusammenhängen. Und das ist genau das, was in die Annahme gebracht werden möchte. Es möchte in unser

Bewusstsein gebracht werden, und es ist tatsächlich ein längerer Prozess, das Nervensystem wieder in den Ruhezustand zu bringen, es soweit zu transformieren, dass es wieder in der Lage ist, das Absolute, das reine Gewahrsein dauerhaft aufrecht zu erhalten und widerzuspiegeln. Diese Übung des vollständigen Annehmens bewirkt genau diese Transformation. Und wenn du es dann schaffst, auch noch in Dankbarkeit für diese Situation und für das, was ist, zu kommen, dann wird es immer einfacher für dich. Es wird immer leichter, der Prozess wird leichter, friedvoller und geschieht wie in einem Flow, wenn du es schaffst in diese Annahme zu gehen. Und wenn du es nicht schaffst, dann nimm das wahr und gib dir ein Okay darauf, denn auch diese Nicht-Annahme muss natürlich ein Okay bekommen, denn das ist ja die Situation, die gerade da ist. Widerstand. Der Widerstand bekommt ein Okay. Denn auch der Widerstand erfüllt seinen Zweck. Den Widerstand einfach wahrzunehmen wie er ist, veranlasst den Widerstand schon weicher zu werden und Lücken zu lassen, durch die du hindurchschauen kannst auf das, worum es eigentlich geht.

Das Absolute, was dann Schritt für Schritt auftaucht, und immer mehr erlebbar wird, weil es ja sowieso da ist, das wird dann mehr und mehr deine Realität. Diese ganze Bewertung und die ganze Abwehr und was man so gewohnheitsmäßig mit sich trägt, das ist alles das Nicht-Selbst. Und durch das Okay-Geben trennst du das Nicht-Selbst vom Selbst. Und dann hat das Nicht-Selbst keinen Halt mehr und verschwindet. Insofern ist das Okay-Geben für diese ganzen komischen Phänomene, die wir da vermeintlich im Leben haben, quasi, der Anfang vom Allheilmittel, denn das Absolute ist nicht nur leer und nichts, sondern es ist Intelligenz in seiner reinsten Form, es ist Wissen in seiner vollsten Form, es ist vollkommene Gesundheit, vollkommenes Glück, Erfüllung, Ganz-sein, Heil-sein. Und deshalb taucht, wenn durch das Okay-Geben das Nicht-Selbst Schritt für Schritt verschwindet, eine ungeheure Fülle als Ersatz auf. Die selbstgemachten Stimmungen gehen, aber die Fülle taucht stattdessen auf. Die Zukunft verschwindet, aber die Fülle taucht auf. Die Vergangenheit verschwindet auch. Aber die Fülle ist da. Und so verwandelst du deinen jeweiligen Bewusstseinszustand, deine persönliche Realität Schritt für Schritt zu der Realität, die dann ab einem bestimmten Punkt, Erwachen und Erleuchtung genannt wird. Wenn diese kritische Masse überschritten ist, ist das eine ganz eindeutige Zustandsveränderung, ein ganz eindeutiger Switch, den du ganz eindeutig spürst und merkst. Und er lässt dich dann auch nicht mehr los. Das übernimmt dich dann quasi. Das Absolute übernimmt dich. Es übernimmt die Führung wieder. Dadurch, dass diese alten Gewohnheiten weggefallen sind und das Absolute wieder mehr Macht bekommt, übernimmt es dich. Du kannst dann nicht mehr von dir selbst, von dem Moment und von dem Okay-Geben, von dieser Selbstliebe ablassen. Das ist nicht mehr möglich. Du findest den Trick nicht mehr, wie das geht. Man findet dann sowieso keinen Grund mehr es zu tun, es geht einem ja gut. Selbst wenn man es möchte oder versucht, findet man kein Mittel. Die Mittel sind sozusagen verloren gegangen. Und das wünschen wir dir, dass du das ganze Nicht-Selbst loslässt, dass du es verlierst und in dem ankommst, was du wirklich bist.

Alles Liebe

- und komme jetzt zum kostenfreien

Analyse-Gespräch

mit

Ludmilla & Roland

Terminbuchung auf:

www.Analysegespräch.de

Notizen:

Weitere Bücher von Ludmilla & Roland aus der Edition Erleuchtung.
Zu bestellen unter: www.Erleuchtung.jetzt

„Die Dunkle Nacht der Seele, als Phänomen letztendlicher Läuterung, tritt nur in Zusammenhang mit tiefgreifenden Transzendenzerfahrungen auf. Es wird dadurch ein Prozess in Gang gebracht, bei dem es ums Ganze geht. Und es ist, als würde ein Tor geöffnet werden zu all den gespeicherten Informationen des unendlichen Kontinuums unseres Seins."

„Wenn du jeden Moment, so wie er ist, mit einem Okay willkommen heißt, ihn also vollständig annimmst, verbindet sich das Absolute des Gegenstandes mit dem Absoluten in dir. Eine Brücke entsteht, eine Brücke zu der Realität, die wir Erwachen & Erleuchtung nennen."

„Wenn das Absolute tröpfchenweise oder auch plötzlich in den eigenen Wahrnehmungsraum einbricht, hat das Relative überhaupt keine Chance zu bestehen. Jeder, der schon eine Erwachenserfahrung gemacht hat, eine Gipfelerfahrung, weiß wie radikal diese Kollision mit der Unendlichkeit sich anfühlt. Da bleibt nichts mehr übrig. Da bleibt kein Stein mehr auf dem anderen. Und diese Vorgänge nennen wir den Aufwachensschmerz."

Eine Auswahl weiterer Titel der Edition Erleuchtung:

Erleuchtung ist möglich - Erwachen eine Tatsache
Was ist Realität?
Die Illusion der Bedürftigkeit
Das Radikale Okay
Die Dunkle Nacht der Seele
Der Aufwachensschmerz
Erwachen und Gefühle
Die Integration von Erwachenserfahrungen
Transzendenz
Beziehungen vor und nach dem Erwachen
Der Körper als Ausdruck des SELBST
Erwachen und Ich-Stärke
Erwachen - die umfassende Heilung
Der Körper als reines Sein - Body of pure Being
Handeln aus dem SELBST
Absichtslosigkeit als Tor zum Selbst
Erwachen durch das Leben
Spontanes Erwachen
Anhaftungen und Identfikation
Erwachen - ein neuer Bewusstseinszustand
Die Vielfalt in der Einheit

Weitere Bücher von Ludmilla & Roland zum Thema Erwachen & Erleuchtung.
Zu bestellen unter: www.Erleuchtung.jetzt

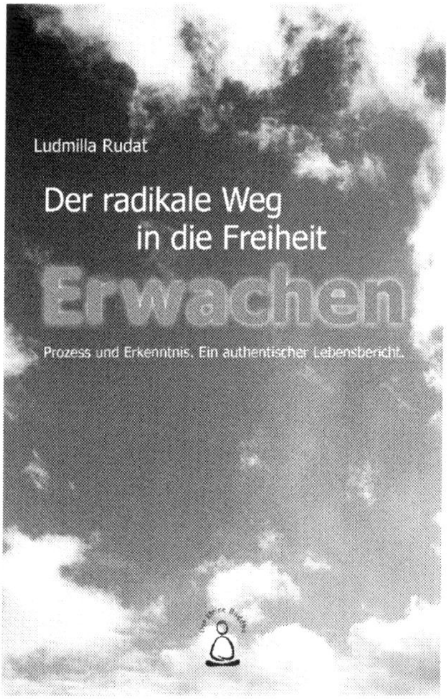
Ludmilla Rudat
Der radikale Weg in die Freiheit
Erwachen
Prozess und Erkenntnis. Ein authentischer Lebensbericht.

Erwachen - Der radikale Weg in die Freiheit

Suchende müssen nicht warten, bis die Gnade des Erwachens über sie kommt. Der radikale Prozess tiefenpsychologischer Klärung, der nach dem Erwachen beginnt, kann jederzeit begonnen werden und bringt uns dem ersehnten Ziel der Befreiung in grossen Schritten näher.
Hierzu lernen wir, das Leben so zu betrachten, dass es uns größtmögliche Entwicklung bietet. Wir lernen, das Leben als Lehrer zu verstehen, das uns letztendlich zur SELBSTverwirklichung führt.

Autor: Ludmilla Rudat

ISBN 978-3-732-23955-9

Erkenntnisse zur Erleuchtung
- Sammlung 1

Dieses Buch ist entstanden in einer Zeit, in der der Autor sich intensiv mit dem Prozess seiner Erleuchtung beschäftigt hat. Seine Erkenntnisse und Erfahrungen hat er chronologisch gesammelt und nun erstmalig der Öffentlichkeit zur Verfügung gestellt. Für jeden fortgeschrittenen spirituellen Sucher ist diese Wissenssammlung eine wahre Fundgrube an Tips & Tricks für den Weg zur Erleuchtung.

Autor: Roland Heine

Leben in Erleuchtung
- die Unendlichkeit findet sich selbst

Der Autor beschreibt in Tagebuchform sein Leben in Erleuchtung. Viele kleine Episoden bringen den Leser sehr nahe an das unbeschreibliche Paradoxon heran, das entsteht, wenn die Unendlichkeit sich im Leben eines Menschen selbst wiederfindet. Die dann einsetzende Transformation beschreibt der Autor direkt aus der Perspektive des eigenen Erlebens heraus. So ist eine großartige Schilderung des einzigartigen Erlebens des Zustandes der Erleuchtung zustande gekommen. Dieses Buch bietet auf diese Weise besonders fortgeschrittenen Suchern Orientierung bei ihren letzten Schritten hin zur Erleuchtung.

Autor: Roland Heine

Printed in Germany
by Amazon Distribution
GmbH, Leipzig

22779090R00028